ORATHAY SOUKSISAVANH
FOTOS VON CHARLOTTE LASCÈVE

SUPER EINFACH

KOCHEN MIT 3 - 6 ZUTATEN

THAI

Librero

Inhalt

KLEINE GERICHTE

NUDELN UND REIS

NACHSPEISEN

GRUNDREZEPTE

Dip mit gegrillter Tomate

In 15 Minuten vorbereitet

30 Minuten Kochzeit

Für 4 Personen

Tomaten
300 g

Lauchzwiebeln
x ½ Bundhen

Knoblauch
x 6 große Zehen

Chilischote
x 1 bis 2

Koriander
x ½ Bund

Nuoc-mâm
2-3 Esslöffel

- Die Tomaten und die Zwiebeln in Würfel schneiden. Die Chilischoten und das Grün der Lauchzwiebeln in feine Scheiben schneiden. Den Knoblauch schälen und entkeimen.
- Den Ofen auf 200 °C vorheizen. Das Gemüse für 30 Minuten in der Auffangschale in den Ofen geben. Das Gemüse regelmäßig wenden. Die Tomaten häuten und dann mit einer Gabel zerdrücken.
- Chilischoten, Lauchzwiebeln und Knoblauch vermengen. Das Nuoc-mâm hinzugeben und mit der Tomate vermischen.
- Mit gehacktem Koriander zu Klebreis und rohem Gemüse servieren.

Champignon-Dip

In 20 Minuten vorbereitet

30 Minuten Kochzeit

Für 4 Personen

Champignons
300 g

Schalotten
150 g

Knoblauch
x 6 große Zehen

Chilischote
x 1 bis 2

Lauchzwiebeln
x 3

Nuoc-mâm
2-3 Esslöffel

- ○ Die Lauchzwiebeln, die Schalotten und die Chilischoten in feine Scheiben schneiden. Die Champignons in dicke Scheiben schneiden. Den Knoblauch schälen und entkeimen.
- ○ Den Ofen auf 200 °C vorheizen. Das Gemüse in der Auffangschale für 30 Minuten in den Ofen geben. Das Gemüse regelmäßig wenden.
- ○ Alles gut mit dem Nuoc-mâm vermengen.
- ○ Mit Klebreis und rohem Gemüse servieren.

Fischfrikadellen

In 15 Minuten vorbereitet

10 Minuten Kochzeit

Für 12 Stück

Kabeljaufilet
400 g

Rote Currypaste
1 gehäufter Teelöffel

Ei
x 1

Limettenblätter
x 4

Grüne Bohnen
80 g

Frittieröl
200 ml

- Die Bohnen in feine Scheiben schneiden. Den Stiel der Limettenblätter entfernen und die Blätter fein hacken. Den Fisch in Stücke schneiden und mit dem Ei und der Currypaste vermengen, bis eine sämige Paste entstanden ist. Salzen, mit den restlichen Zutaten vermischen.
- Das Öl in einem Bräter erhitzen. 12 kleine Frikadellen formen und 3 Minuten von jeder Seite goldbraun anbraten.
- Um den Geschmack zu verfeinern, kann das Salz durch Nuoc-mâm ersetzt und ein Teelöffel Zucker hinzugefügt werden.

Panierte Kokos-Garnelen

In 10 Minuten vorbereitet

1 Minute Kochzeit

Für 20 Stück

TK-Garnelen, geschält
x 20

Ei
x 1

Mehl
3 Esslöffel

Geraspelte Kokosnuss
5 Esslöffel

Panko oder Paniermehl
4 Esslöffel

Frittieröl
250 ml

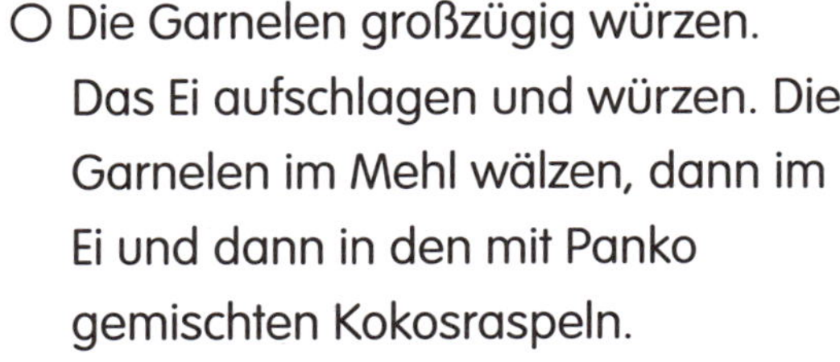

- Die Garnelen großzügig würzen. Das Ei aufschlagen und würzen. Die Garnelen im Mehl wälzen, dann im Ei und dann in den mit Panko gemischten Kokosraspeln.
- Das Öl in einem Bräter erhitzen. Die Garnelen ca. eine Minute in das heiße Öl geben. Die Panade sollte goldgelb werden.
- Die Garnelen können mit Salatsauce oder Chilisauce serviert werden.

Häppchen mit Schweinefleisch und Kokos

In 15 Minuten vorbereitet

20 Minuten Kochzeit

Für 12 Stück

Wan Tan-Teig
x 12

Lauchzwiebeln
x 3

Wurstbrät natur
200 g

Kokosmilch
100 ml

Zucker
1 Teelöffel

Pflanzenöl
6 Esslöffel

- ○ Die Teigquadrate zu Scheiben zuschneiden. Die Teigscheiben beidseitig mit Öl bestreichen und in einer Muffin-Form zu kleinen Körbchen formen. Für 10 Minuten bei 180 °C in den Ofen geben.
- ○ Das Weiße der Lauchzwiebeln in feine Scheiben schneiden und im restlichen Öl goldgelb anbraten. Das Fleisch und den Zucker hinzugeben. Gut verrühren. Die Kokosmilch hinzugeben, salzen, pfeffern und 5 Minuten einreduzieren lassen. Abkühlen lassen.
- ○ Das Grüne der Lauchzwiebeln hinzugeben, probieren und gegebenenfalls nachwürzen. Die Körbchen füllen und sofort servieren.

Kaiserröllchen

In 20 Minuten vorbereitet

10 Minuten Kochzeit

Für 20 Stück

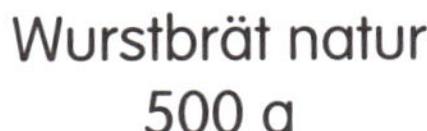
Wurstbrät natur
500 g

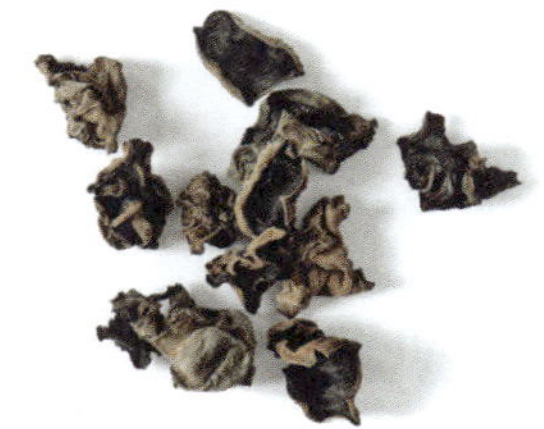
Schwarze Champignons, eingeweicht
10 g

Karotte
x 1

Zwiebel
x 1

TK-Frühlingsrollenblätter
x 20 (21 x 21 cm)

Frittieröl
300 ml

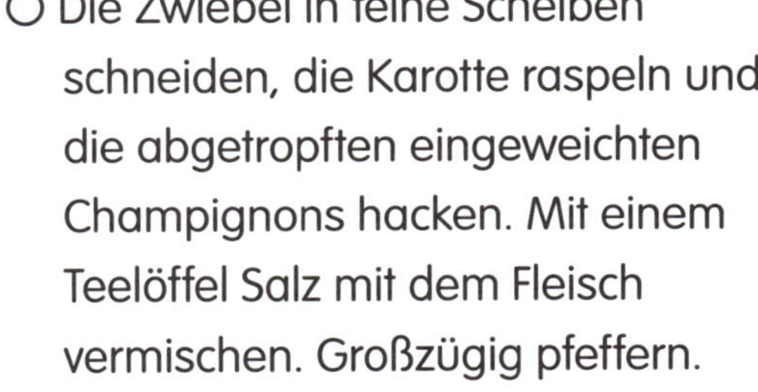
- Die Zwiebel in feine Scheiben schneiden, die Karotte raspeln und die abgetropften eingeweichten Champignons hacken. Mit einem Teelöffel Salz mit dem Fleisch vermischen. Großzügig pfeffern.
- Die Frühlingsrollenblätter trennen. Jeweils einen großen Esslöffel Farce auf die Rauten geben. Die Spitze und die Seiten einklappen und dann rollen.
- Das Öl in einem großen Bräter erhitzen. Die Röllchen 4 Minuten auf jeder Seite anbraten.
- Mit Salatsauce oder Chilisauce servieren.

Curry-Taschen

Dicker Blätterteig
x 2 Rollen

Kartoffeln
200 g

Hähnchenschnitzel
250 g

Sojasauce, gezuckert
3 Esslöffel

Curry
2 Esslöffel

Zwiebel
x 1 kleine

In 25 Minuten vorbereitet

30 Minuten Kochzeit

Für 12 Stück

- Den Ofen auf 190 °C vorheizen. Die Zwiebel in feine Scheiben schneiden. Das Hähnchenfleisch mit dem Messer hacken. Die Kartoffeln schälen und reiben. Alle Zutaten mit dem Curry und der Sojasauce vermischen. Salzen, pfeffern.
- Die Teigblätter in Scheiben mit einem Durchmesser von 10 cm schneiden.
- 12 Bällchen der Farce auf die Scheiben setzen. Die Taschen schließen und die Ränder mit Wasser verkleben.
- Auf ein Blech setzen und für 30 Minuten in den Ofen geben.

Schweine-/Hähnchenspieß Satay

In 15 Minuten vorbereitet

10 Minuten Kochzeit
2 Stunden Ruhezeit

Für 4 Personen

Schweinevorderrippe oder -filet
500 g in dünnen Scheiben

Currypulver
1 gehäufter Esslöffel

Kokosmilch
350 ml

Rohrzucker
40 g

Rote Currypaste
20 g

Erdnussbutter
100 g

- 100 ml Kokosmilch mit einem gestrichenen Teelöffel Salz, dem Curry und 10 g Zucker vermischen. Das Fleisch gut damit einstreichen und mindestens 2 Stunden ruhen lassen.
- Den restlichen Zucker und die Kokosmilch mit der Currypaste und der Erdnussbutter vermengen. Einen gestrichenen Teelöffel Salz hinzugeben. Unter Rühren aufkochen lassen. Abkühlen lassen.
- Das Fleisch auf einen Spieß stecken und unter dem Grill 4 Minuten von jeder Seite garen lassen. Mit Sauce servieren.

Thai-Würstchen

In 15 Minuten vorbereitet

10 Minuten Kochzeit
15 Minuten Ruhezeit

Für 4 Personen

Wurstbrät natur
500 g

Schalotte
x 1 große

Zitronengras
x 3 Stiele

Rote Currypaste
20 g

Zucker
10 g

TK-Limettenblätter
x 8

- Den Ofen auf Grillfunktion vorheizen. Die harten Teile vom Zitronengras und von den Limettenblättern entfernen. Sehr fein schneiden. Die Schalotte klein hacken.
- Alle Zutaten mit der Hand vermischen, um den Curry gut zu verteilen. Einen gestrichenen Teelöffel Salz hinzugeben. Kleine Würstchen formen.
- Auf ein Blech legen und auf beiden Seiten für 5 Minuten unter dem Ofengrill garen. Mit Klebreis servieren.

Pfannkuchensalat

Eier
x 6

Grüne Bohnen
60 g

Pflanzenöl
2 Esslöffel

Schalotte
x 1

Salatsauce
4 – 5 Esslöffel
(Rezept 67)

Minze
x 4 Stiele

 **In 10 Minuten vorbereitet**

 **8 Minuten Kochzeit**

 **Für 4 Personen**

- Die Bohnen und die Schalotte fein hacken und den geschlagenen Eiern hinzufügen. Würzen.
- Das Öl in einer Pfanne erhitzen und die Eier hineingießen. Wie einen Pfannkuchen zubereiten.
- Den Pfannkuchen auf ein Küchenbrett legen. Abkühlen lassen und dann in Streifen schneiden.
- Mit Sauce und gehackter Minze servieren.

Sardinen mit Tomate

In 5 Minuten vorbereitet

5 Minuten Kochzeit

Für 4 Personen

Sardinen in Tomate
x 2 Dosen

Schalotte
x 1 große

Limette
x ½

Nuoc-mâm
3 Esslöffel

Rote Chilischote
x 1

Koriander
x 5 Stiele

- Die Schalotte und die Chilischote in feine Scheiben schneiden.
- Die Sardinen mit der Sauce 5 Minuten in einer Pfanne erhitzen.
- Vom Herd nehmen, die Schalotten, den Zitronensaft, das Nuoc-mâm und die Chilischote hinzugeben. Umrühren, probieren und bei Bedarf nachwürzen.
- Mit Koriander und weißem Reis servieren.

Miesmuschel-Crêpe

In 5 Minuten vorbereitet

10 Minuten Kochzeit

Für 2 Personen

TK-Miesmuscheln
200 g

Mehl
60 g

Speisestärke
40 g

Koriander
x ½ Bund

Salatsauce
6 Esslöffel (Rezept 67)

Pflanzenöl
3 Esslöffel

- Das Mehl und die Speisestärke vermischen. 100 ml Wasser hinzugeben und mit dem Schneebesen verrühren. Die Miesmuscheln und den gehackten Koriander hinzugeben. Würzen, mischen.
- Das Öl in einer großen Pfanne erhitzen. Die Mischung hineingießen und verteilen. Warten, bis der Boden goldgelb ist, dann wenden.
- Mit Salatsauce zum Eintunken servieren.

Eingelegte Gurken

Gurke
x 1

Schalotte
x 1

Chilischote
x 1

Rohrzucker
2 gehäufte Esslöffel

Weißwein- oder
Reisessig
8 Esslöffel

In 5 Minuten vorbereitet

10 Minuten Kochzeit

Für 4 Personen

- Die Gurke gegebenenfalls schälen. In mundgerechte Stücke schneiden.
- Mit einem Teelöffel grobem Salz bestreuen und 10 Minuten einziehen lassen.
- Die Schalotte und die Chilischote sehr fein schneiden. Die Gurke abtrocknen und mit den anderen Zutaten mischen.
- Probieren und nach Bedarf nachwürzen.

Salat mit grüner Papaya

In 15 Minuten vorbereitet

Ohne Kochen

Für 4 Personen

Grüne Papaya
300 g (1 kleine)

Knoblauch
x 2 Zehen

Karotten
x 2

Kirschtomaten
x 6

Erdnüsse
3 Esslöffel

Salatsauce
6 Esslöffel (Rezept 67)

- Die Papaya und die Karotten schälen. Raspeln, am besten mit einem Julienne-Schneider.
- Den Knoblauch und die Erdnüsse schälen. Die halbierten Tomaten und alle anderen Zutaten hinzugeben. Gut vermischen. Probieren und gegebenenfalls nachwürzen.

Salat mit grüner Mango

In 10 Minuten vorbereitet

2 Minuten Kochzeit

Für 2 Personen

Grüne Mango
x 1

TK-Garnelen, geschält
x 10

Schalotte
x 1

Erdnüsse
2 Esslöffel

Salatsauce
6 Esslöffel (Rezept 67)

Paprikapulver
½ Teelöffel

- ○ Die Garnelen salzen. Wasser aufkochen. Die Garnelen eine Minute lang garen und abgießen. Abkühlen lassen.
- ○ Die Mango mit einem Julienne-Schneider raspeln. Die Schalotte fein hacken.
- ○ Alle Zutaten vermischen. Probieren und bei Bedarf nachwürzen.

Salat mit Ananas und Cashewkernen

In 15 Minuten vorbereitet

Ohne Kochen

Für 4 Personen

Geschälte Ananas
x 1

Ingwer
25 g

Schalotte
x 1

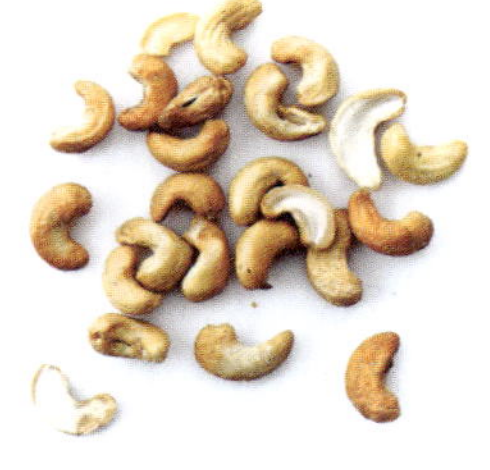

Cashewkerne
125 g

Nuoc-mâm
2 Esslöffel

Minze
x 1/3 Bund

- Den Ingwer schälen und sehr fein schneiden. Die Schalotte fein hacken. Die Ananas in Scheiben und dann in Stücke schneiden. Die Minze grob hacken.
- Alle Zutaten vermischen. Probieren und bei Bedarf nachwürzen. Sofort servieren.
- Für ein vollständiges Gericht können auch Garnelen oder gegrilltes Hähnchen hinzugefügt werden.

Pomelo-Salat

In 15 Minuten vorbereitet

5 Minuten Kochzeit

Für 4 Personen

Pomelo
x 1

Geröstete Erdnüsse
5 Esslöffel

TK-Garnelen, geschält
x 12

Minze
x 1/3 Bund

Salatsauce
10 Esslöffel (Rezept 67)

Koriander
x 1/3 Bund

- ○ Die Garnelen salzen und kühlstellen. Die Pomelo schälen und das Fleisch entnehmen. Die Gewürze grob hacken.
- ○ Wasser im Topf erhitzen, die Garnelen 1 bis 2 Minuten garen, abgießen. Abkühlen lassen und dann mit den anderen Zutaten vermischen.
- ○ Den Salat vermengen, probieren, bei Bedarf nachwürzen.

Glasnudelsalat

Glasnudeln
100 g

Hähnchenbrust
x 1

Rote Zwiebel
x ½

Stangensellerie
2 Stangen

Salatsauce
6 Esslöffel (Rezept 67)

Koriander
x ⅓ Bund

In 15 Minuten vorbereitet

6 Minuten Kochzeit
15 Minuten Ruhezeit

Für 2 bis 3 Personen

- ○ Die Glasnudeln in lauwarmem Wasser einweichen. Die Hähnchenbrust in einen Topf mit gesalzenem Wasser geben und aufkochen. 5 Minuten garen lassen, vom Herd nehmen und im Wasser abkühlen lassen.
- ○ Die Zwiebel und die Selleriestangen fein hacken. Die Glasnudeln für eine Minute in kochendem Wasser garen, abgießen, unter kaltem Wasser abspülen. Die Hähnchenbrust kleinzupfen oder mit dem Messer in feine Scheiben schneiden.
- ○ Alle Zutaten vermischen. Probieren, bei Bedarf nachwürzen.

Auberginen-Salat

In 10 Minuten vorbereitet

45 Minuten Kochzeit

Für 3 bis 4 Personen

Auberginen
x 2

Knoblauch
x 1 große Zehe

Lauchzwiebeln
x 2 kleine

Koriander
x 4 Stiele

Salatsauce
5 bis 6 Esslöffel
(Rezept 67)

- Den Ofen auf 220 °C vorheizen. Die Auberginen in Alufolie einwickeln und für 45 Minuten in den Ofen geben. Abkühlen lassen und die Haut entfernen. Das Fleisch in einem Sieb abtropfen lassen.
- Den Knoblauch sehr fein hacken. Die Zwiebeln in feine Scheiben schneiden. Den Koriander fein hacken.
- Alle Zutaten vermischen. Vorsichtig umrühren, abschmecken, bei Bedarf Sauce hinzufügen.
- Für ein vollständiges Gericht können dem Salat in Viertel geschnittene, hart gekochte Eier hinzugefügt werden.

Salat mit Hähnchen-Hack

In 10 Minuten vorbereitet

20 Minuten Kochzeit

Für 2 Personen

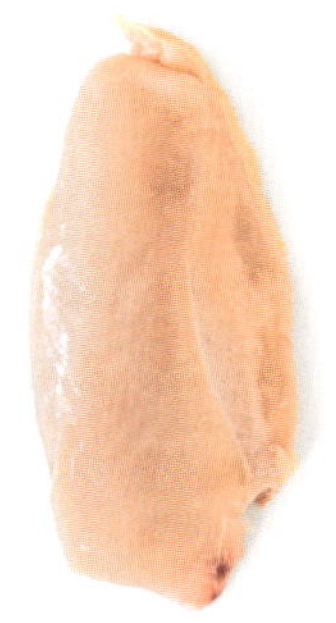
Hähnchenschnitzel
250 g

Kleb- oder Thaireis
2 Esslöffel

Koriander
x 5 Stiele

Schalotte
x 1

Salatsauce
6 Esslöffel (Rezept 67)

Minze
x 4 Stiele

- ○ Den Reis in einer trockenen Pfanne rösten, bis er braun ist. Im Mixer oder mit dem Mörser zerkleinern, um ein Pulver zu erhalten.
- ○ Das Hähnchenfleisch mit dem Messer hacken und dann in der trockenen Pfanne ca. 5 Minuten anbraten und herausnehmen. Die Schalotte in feine Scheiben schneiden, die Gewürze grob hacken.
- ○ Alle Zutaten vermischen.
- ○ Probieren und bei Bedarf Sauce hinzufügen. Sofort servieren.

Salat mit Rindfleisch

In 15 Minuten vorbereitet

5 Minuten Kochzeit
10 Minuten Ruhezeit

Für 3 bis 4 Personen

Zartes Rindfleisch
(Hüfte oder Keule)
300 g

Zitronengras
x 2 Stiele

Rote Zwiebel
x 1 kleine

Minze
x 4 Stiele

Salatsauce
6 Esslöffel (Rezept 67)

Koriander
x 5 Stiele

- ○ Das Rindfleisch leicht salzen. In einer trockenen Pfanne von jeder Seite für ca. 2 Minuten anbraten. Auf einem Gitterrost ruhen lassen.
- ○ Die harten Teile vom Zitronengras entfernen und dieses dann sehr fein hacken. Die Zwiebel in sehr feine Scheiben schneiden. Die Kräuter grob hacken.
- ○ Alle Zutaten vermischen. Probieren und bei Bedarf Sauce hinzufügen.

Rindertatar

In 20 Minuten vorbereitet

15 Minuten Kochzeit

Für 2 bis 3 Personen

Zartes Rindfleisch
250 g

Klebe- oder Thaireis
2 Esslöffel

Schalotte
x 1

Galgantwurzel
40 g

Salatsauce
6 Esslöffel (Rezept 67)

Minze
x 5 Stiele

- Den Reis in einer trockenen Pfanne rösten, bis er braun ist. Im Mixer oder mit dem Mörser zerkleinern, um ein Pulver zu erhalten.
- Die Galgantwurzel schälen, in feine Scheiben schneiden und dann sehr fein hacken. Die Schalotte fein hacken, die Minze grob hacken. Das Fleisch in feine Streifen und dann in Würfel schneiden.
- Alle Zutaten vermischen. Probieren und bei Bedarf Sauce hinzufügen. Sofort servieren.
- Zusätzlich können eine fein geschnittene Chilischote und Koriander hinzugefügt werden.

23

Salat mit Schweinefleisch und Weißkohl

In 15 Minuten vorbereitet

2 Minuten Kochzeit

Für 4 Personen

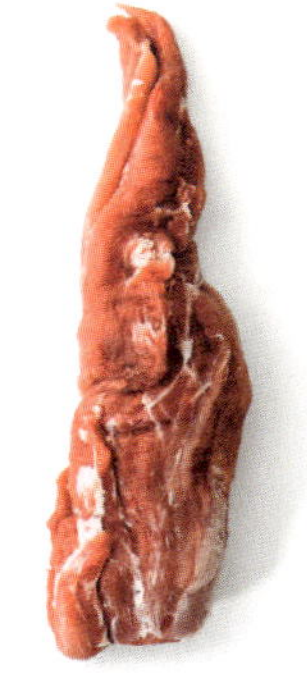

Schweinefilet
400 g

Weißkohl
x ¼

Knoblauch
x 2 Zehen

Koriander
x 5 Stiele

Salatsauce
6 Esslöffel (Rezept 67)

Minze
x 5 Stiele

- Das Schweinefleisch in feine Streifen schneiden und leicht salzen. Das Fleisch in kochendem Wasser für eine Minute unter Rühren garen. Abgießen und abkühlen lassen.
- Den Kohl mit einem Gemüsehobel fein raspeln. Den Knoblauch mit dem Messer sehr fein hacken. Die Kräuter grob hacken.
- Alle Zutaten vermischen.
- Probieren und bei Bedarf Sauce hinzufügen. Sofort servieren.

Salat mit Ente

Entenbrust
x 1

Schalotten
x 2

Kleb- oder Thaireis
2 gehäufte Esslöffel

Koriander
x 5 Stiele

Salatsauce
8 Esslöffel (Rezept 67)

Minze
x 5 Stiele

In 15 Minuten vorbereitet

20 Minuten Kochzeit

Für 4 Personen

- Den Reis in einer trockenen Pfanne rösten, bis er braun ist. Im Mixer oder mit dem Mörser zerkleinern, um ein Pulver zu erhalten.
- Die Entenbrust einschneiden. In einer Pfanne 5 Minuten auf der Haut und dann 3 Minuten von der anderen Seite braten. Auf einem Gitterrost ruhen lassen.
- Die Schalotten in feine Scheiben schneiden, die Kräuter hacken. Die Entenbrust in dünne Streifen schneiden. Alle Zutaten vermischen. Probieren und bei Bedarf Sauce hinzufügen.
- Es kann gehacktes Zitronengras hinzugegeben werden.

Salat mit Garnelen

TK-Garnelen, geschält
500 g

Zitronengras
x 3 Stiele

Rote Zwiebel
x 1 kleine

Salatsauce
6 Esslöffel (Rezept 67)

Minze
x ½ Bund

Koriander
x ⅓ Bund

In 15 Minuten vorbereitet

2 Minuten Kochzeit

Für 4 Personen

- Die Garnelen salzen und kühlstellen. Die harten Teile vom Zitronengras entfernen und dieses sehr fein hacken. Die Zwiebel fein hacken.
- Die Garnelen abhängig von ihrer Größe 2 bis 3 Minuten garen. Abgießen und abkühlen lassen. Anschließend alle Zutaten vermischen.
- Probieren, bei Bedarf nachwürzen.

Salat mit Tintenfisch

 **In 15 Minuten vorbereitet**

 **2 Minuten Kochzeit**

 **Für 2 bis 3 Personen**

Tintenfischtuben, gereinigt x 2

Zitronengras x 2 Stiele

Schalotte x 1

Gurke x 1/2

Salatsauce 6 Esslöffel (Rezept 67)

Minze x 5 Stiele

- ○ Den Tintenfisch in gleich große Stücke schneiden. In kochendem Wasser 1 bis 2 Minuten unter Rühren garen. Abgießen und abkühlen lassen.
- ○ Die harten Teile vom Zitronengras entfernen und dieses sehr fein hacken. Die Schalotte fein hacken. Die Gurke schälen und in kleine Stücke schneiden. Die Minze grob hacken.
- ○ Alle Zutaten vermischen. Probieren und bei Bedarf Sauce hinzufügen. Sofort servieren.

Garnierte Kohlsuppe

Wurstbrät natur
300 g

TK-Garnelen, geschält
x 8

Geflügelbrühe
1,2 l

Chinakohl
x 10 Blätter

Ingwer
10 g

Koriander
x ½ Bund

In 15 Minuten vorbereitet

10 Minuten Kochzeit

Für 4 Personen

- Den Ingwer und den Koriander hacken und mit dem Fleisch vermengen. Würzen und Bällchen formen.
- Den Kohl in gleich große Stücke schneiden.
- Die Brühe aufkochen, die Bällchen 8 Minuten darin garen. Den Kohl und die Garnelen hinzufügen und weitere 2 bis 3 Minuten kochen. Die Suppe würzen, probieren und bei Bedarf nachwürzen.
- Für ein vollständiges Gericht können schwarze Champignons und Glasnudeln hinzugefügt werden.

Garnelen, Kürbis und Shiitake-Pilze

In 15 Minuten vorbereitet

10 Minuten Kochzeit

Für 4 bis 6 Personen

Geflügelbrühe
2 l

TK-Garnelen, geschält
300 g

Hokkaidokürbis
x ½

Shiitake-Pilze
250 g

Chinakohl
x 1 Herz

Koriander
x ½ Bund

- Den Kürbis in große Würfel schneiden. Die Shiitake-Pilze in feine Scheiben schneiden. Den Kohl in gleich große Stücke schneiden.
- Den Kürbis in der kochenden Brühe 5 Minuten garen. Die Pilze, den Kohl und die Garnelen hinzugeben und weitere 3 Minuten garen.
- Probieren und bei Bedarf nachwürzen.
- Beim Servieren Koriander hinzufügen.

Tom Kha Gai

 **In 10 Minuten vorbereitet**

 **20 Minuten Kochzeit**

 **Für 4 Personen**

Kokosmilch
600 ml

Hähnchenbrust
500 g

Champignons
500 g

Limette
x 1

Zitronengras
x 4 Stiele

Galgantwurzel
80 g

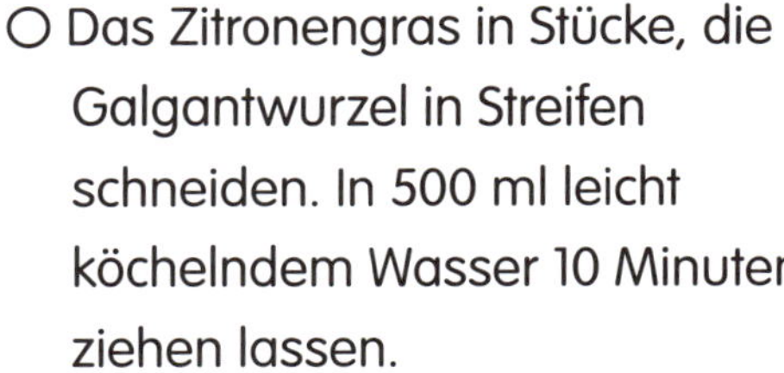

- Das Zitronengras in Stücke, die Galgantwurzel in Streifen schneiden. In 500 ml leicht köchelndem Wasser 10 Minuten ziehen lassen.
- Die Champignons reinigen und vierteln. Das Hähnchenfleisch in feine Streifen schneiden. Mit der Kokosmilch in einen Bräter geben. Salzen und ca. 10 Minuten garen.
- Beim Servieren den Saft der Limette hinzugeben.
- Um den Geschmack zu verfeinern, können beim Ziehen Limettenblätter hinzugefügt werden, ebenso wie etwas Zucker.

Tom Yum mit Garnelen

In 5 Minuten vorbereitet

10 Minuten Kochzeit

Für 2 bis 3 Personen

Geflügelbrühe
1,2 l

TK-Garnelen, geschält
x 12

Zitronengras
x 3 Stangen

Limettenblätter
x 6

Rote Currypaste
1 Teelöffel

Austern-Seitlinge
250 g

- ○ Die harten Teile vom Zitronengras entfernen und dieses schräg in feine Scheiben schneiden.
- ○ Die Brühe mit der Currypaste, dem Zitronengras und den Limettenblättern aufkochen und 5 Minuten ziehen lassen.
- ○ Die Temperatur erhöhen, die Austern-Seitlinge und die Garnelen hinzugeben und 3 Minuten garen. Salzen und etwas Zucker hinzufügen, um den Geschmack zur Geltung zu bringen.
- ○ Mit einem Blatt von der Limette servieren. Das Salz kann durch Nuoc-mâm ersetzt werden.

Curry mit Ente und Ananas

Entenbrust
x 2

Ananas, geschält
x 1

Kokosmilch
500 ml

Kirschtomaten
200 g

Rote Currypaste
1 Esslöffel

Thai-Basilikum
x 1 Bund

In 15 Minuten vorbereitet

8 Minuten Kochzeit

Für 4 Personen

- Die Ente in feine Streifen schneiden, dabei die Haut entfernen. Die Ananas in gleich große Stücke schneiden.
- Die Currypaste mit einem gestrichenen Teelöffel Salz in der Kokosmilch auflösen. Zum Kochen bringen.
- Die halbierten Tomaten und die Ente hinzugeben. Etwa 5 Minuten garen lassen, sodass das Fleisch noch rosafarben ist.
- Vom Herd nehmen, die Ananas und das Basilikum hinzugeben. Mit Thai-Reis servieren. Um den Geschmack zu unterstreichen, kann etwas Zucker hinzugefügt werden.

Curry mit Schweinefleisch und Bambus

In 10 Minuten vorbereitet

8 Minuten Kochzeit

Für 4 Personen

Schweinefilet oder Filetspitzen
500 g

Bambus-Juliennes
400 g, aus der Dose

Limettenblätter
x 12

Kokosmilch
500 ml

Rote Currypaste
1 Esslöffel

Zucker
1 gestrichener Esslöffel

- Das Fleisch in feine Streifen schneiden. Den Bambus abgießen und abspülen. In einem Behälter kochendes Wasser darübergießen. Eine Minute abtropfen lassen.
- Die Currypaste in der Kokosmilch auflösen. Den Zucker, die Limettenblätter und einen gestrichenen Teelöffel Salz hinzugeben. Zum Kochen bringen.
- Das Fleisch und den Bambus hinzugeben und 6 bis 7 Minuten garen lassen. Mit Reis servieren.

Curry mit grüner Mango und Garnelen

In 10 Minuten vorbereitet

8 Minuten Kochzeit

Für 4 Personen

TK-Garnelen, geschält
500 g

Mango, nicht zu reif
x 1 große

Thai-Basilikum
x 1 Bund

Kokosmilch
500 ml

Grüne Currypaste
1 Esslöffel

Limette
x 1

- Die Mango in gleich große Stücke schneiden. Die Currypaste mit einem gestrichenen Teelöffel Salz in der Kokosmilch auflösen. Zum Kochen bringen, die Garnelen hinzufügen und abhängig von ihrer Größe 2 bis 3 Minuten garen.
- Vom Herd nehmen, die Mango, das Basilikum und die Zesten von der Limette sowie einen Schuss Zitronensaft hinzugeben.
- Das Basilikum kann durch Koriander ersetzt werden. Um den Geschmack zu unterstreichen, kann etwas Zucker hinzugegeben werden.

Grünes Hähnchencurry

In 10 Minuten vorbereitet

10 Minuten Kochzeit

Für 4 Personen

Hähnchenbrust
500 g

TK-Erbsen
500 g

Thai-Basilikum
x 1 Bund

Kokosmilch
500 ml

Grüne Currypaste
1 Esslöffel

Zucker
1 gestrichener Teelöffel

- ○ Die Hähnchenbrust in gleich große Stücke schneiden. Die Currypaste mit dem Zucker und einem gestrichenen Teelöffel Salz in der Kokosmilch auflösen. Aufkochen, das Hähnchenfleisch hinzugeben und 5 Minuten garen lassen.
- ○ Die noch tiefgekühlten Erbsen hinzugeben und 2 bis 3 Minuten garen lassen.
- ○ Prüfen, ob alle Zutaten gar sind. Gegebenenfalls nachwürzen. Vom Herd nehmen und das Basilikum hinzufügen.

STAUB
STAUB

Rotes Rindercurry

35

In 15 Minuten vorbereitet

1 Stunde Kochzeit

Für 4 Personen

Hochrippe
900 g

Kokosmilch
400 ml

Rote Currypaste
1 Esslöffel

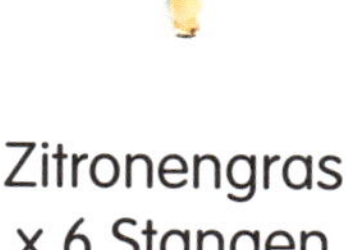

Zitronengras
x 6 Stangen

Rote Paprika
x 1

Zucker
2 gestrichene Teelöffel

- Das Fleisch in dicke Streifen schneiden. Das Zitronengras schräg schneiden. Die Paprika in dünne Scheiben schneiden.
- Die Currypaste in 250 ml Wasser auflösen. Einen gestrichenen Teelöffel Salz, das Zitronengras, den Zucker und das Fleisch hinzugeben. Bei geschlossenem Deckel 45 Minuten garen.
- Die Kokosmilch und die Paprika hinzugeben, weitere 20 Minuten ohne Deckel garen.
- Probieren und gegebenenfalls nachwürzen. Es können auch Limettenblätter hinzugegeben werden.

LE CREUSET

Massaman-Rindercurry

In 10 Minuten vorbereitet

2 Stunden 15 Minuten Kochzeit

Für 4 Personen

Rindergulasch
1 kg

Kokosmilch
600 ml

Gelbe Currypaste
2 Esslöffel

Erdnussbutter
120 g

Kartoffeln
800 g

Zucker
1 Esslöffel

- Die Erdnussbutter und die Currypaste in einem Topf in 450 ml Wasser auflösen. Die Kokosmilch, einen gestrichenen Teelöffel Salz und den Zucker hinzugeben.
- Das Fleisch hinzugeben und 1 Stunde 30 Minuten bei geschlossenem Deckel und schwacher Hitze garen. Regelmäßig umrühren. Das Fleisch muss weich werden.
- Die Kartoffeln schälen und vierteln. In das Curry geben und 45 Minuten garen.
- Abschmecken, den Gargrad prüfen und würzen.

Fischcurry mit Banane

In 10 Minuten vorbereitet

25 Minuten Kochzeit

Für 4 Personen

Kabeljaufilet
600 g

Kokosmilch
500 ml

Gelbe Currypaste
2 Esslöffel

Kochbananen
x 2 reife

Limette
x ½

Zucker
1 Esslöffel

- Die Bananen in mittlere Scheiben schneiden. Den Fisch in gleich große Stücke schneiden.
- Die Currypaste mit 100 ml Wasser und der Kokosmilch in einem Topf auflösen. Den Zucker und einen gestrichenen Teelöffel Salz hinzugeben. Darin die Bananen 15 Minuten garen.
- Den Fisch hinzugeben und 8 Minuten garen. Den Saft der Limette hinzugeben. Abschmecken, nach Bedarf nachwürzen.
- Mit gehacktem Koriander und Reis servieren.

Vegetarisches Curry

In 15 Minuten vorbereitet

10 Minuten Kochzeit

Für 4 Personen

Hokkaidokürbis
x ½

Kokosmilch
600 ml

Gelbe Currypaste
2 Esslöffel

Grüne Bohnen
300 g

Chinakohl
x 8 Blätter

Champignons
250 g

- Den Kürbis in Würfel schneiden, die Champignons vierteln, die Bohnen zweimal durchschneiden und den Kohl in gleich große Stücke schneiden.
- Die Currypaste in der Kokosmilch mit einem gestrichenen Teelöffel Salz in einem Topf auflösen.
- Den Kürbis und den Kohl hinzugeben, bei geschlossenem Deckel 5 Minuten garen. Den Kohl und die Champignons hinzugeben und 5 Minuten weitergaren.
- Den Gargrad überprüfen und würzen.

Hormok Pla

 **In 10 Minuten vorbereitet**

 **10 Minuten Kochzeit**

 **Für 2 bis 3 Personen**

Kabeljaufilet
250 g

Ei
x 1

Rote Currypaste
x 1 Teelöffel

Kokosmilch
70 ml

Limettenblätter
x 3

Zucker
x 1 Teelöffel

- Den Stiel von den Limettenblättern entfernen und diese sehr fein hacken.
- Den Fisch in große Würfel schneiden. Die Currypaste, das Ei, die Kokosmilch und den Zucker aufschlagen. Salzen, den Fisch und die Limettenblätter hinzugeben. Mit der Hand gut vermengen.
- Auf einen Teller oder eine Platte geben und 10 Minuten im Dampf garen.
- Das Salz kann durch Nuoc-mâm ersetzt werden.

Mok mit Hähnchen und Bambus

In 10 Minuten vorbereitet

10 Minuten Kochzeit

Für 2 bis 3 Personen

Hähnchenschnitzel
250 g

Ei
x 1

Grüne Currypaste
1 Teelöffel

Kokosmilch
70 ml

Limettenblätter
x 3

Bambus-Juliennes
100 g

- Die Stiele von den Limettenblättern entfernen und diese sehr fein hacken. Das Hähnchenfleisch in dünne Streifen schneiden. Den Bambus gut abspülen und abtropfen lassen.
- Die Currypaste, das Ei, die Kokosmilch und einen gestrichenen Teelöffel Zucker zur Geschmacksbetonung aufschlagen. Salzen, das Hähnchenfleisch, den Bambus und die Limettenblätter hinzugeben. Mit der Hand gut durchmischen.
- Auf einen Teller oder eine Platte geben und 10 Minuten im Dampf garen.
- Das Salz kann durch Nuoc-mâm ersetzt werden.

Gebratenes Hähnchen mit Basilikum

In 10 Minuten vorbereitet

5 Minuten Kochzeit

Für 4 Personen

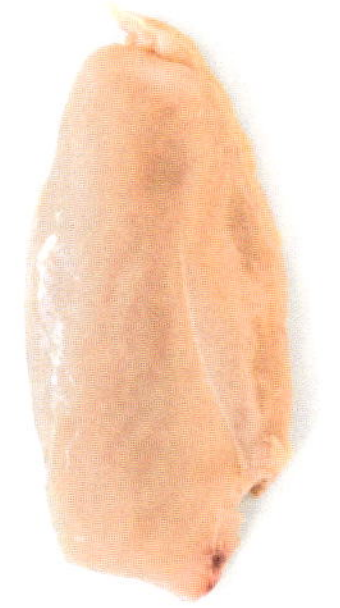
Hähnchenschnitzel
400 g

Zwiebel
x 1

Nuoc-mâm
2 Esslöffel

Gezuckerte Sojasauce
2 Esslöffel

Thai-Basilikum
x 1 Bund

Pflanzenöl
x 3 Esslöffel

- Die Zwiebel fein hacken, das Hähnchenfleisch in dünne Streifen schneiden. Das Öl in einem Topf stark erhitzen. Die Zwiebeln für 30 Sekunden darin anschwitzen, dann das Hähnchenfleisch und die Saucen hinzugeben. Pfeffern.
- Vermischen und 3 Minuten unter Rühren garen. Vom Herd nehmen und das Basilikum hinzugeben.
- Für eine würzigere Variante kann vor Hinzugabe des Hähnchenfleischs noch gehackter Knoblauch sowie eine in feine Scheiben geschnittene Chilischote beigefügt werden.

Gebratenes Hähnchen mit Cashewkernen

In 10 Minuten vorbereitet

5 Minuten Kochzeit

Für 2 bis 3 Personen

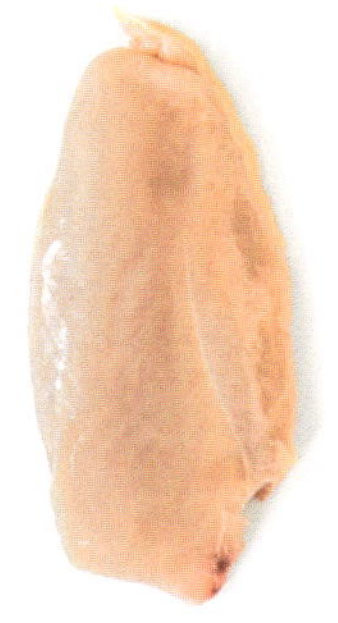

Hähnchenschnitzel
250 g

Zwiebel
x 1 kleine

Grüne Paprika
x 1 kleine

Nudelsauce
3 Esslöffel (Rezept 69)

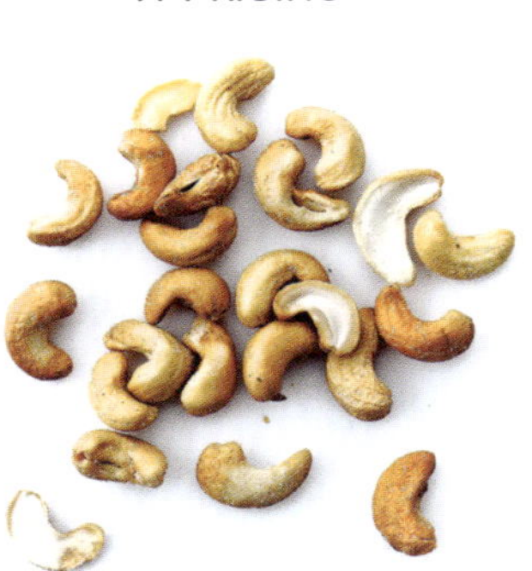

Cashewkerne
125 g

Pflanzenöl
x 2 Esslöffel

- Die Zwiebel fein hacken. Das Hähnchenfleisch in feine Streifen schneiden. Die Paprika in Würfel schneiden. Die Zwiebel, das Hähnchenfleisch und die Paprika mit der Sauce vermischen. Pfeffern.
- Das Öl in einem Bräter stark erhitzen. Die Mischung hineingeben und 3 bis 4 Minuten garen. Abschmecken, bei Bedarf mehr Sauce hinzufügen.
- Vom Herd nehmen und die Cashewkerne hinzugeben.

Gegrilltes Hähnchen mit Zitronengras

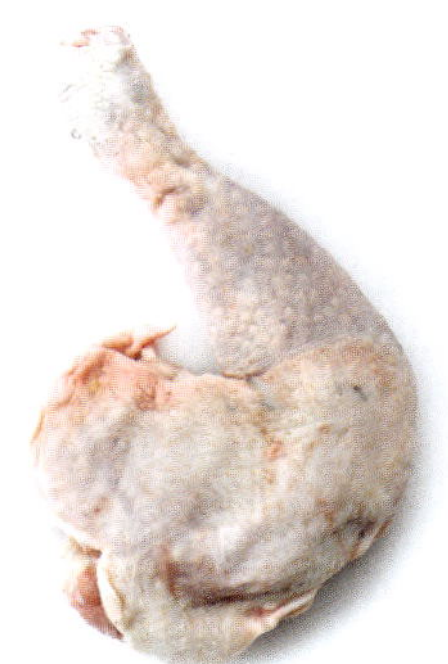

Hähnchenschenkel
x 4

Knoblauch
x 4 Zehen

Nuoc-mâm
4 Esslöffel

Zucker
4 Esslöffel

Zitronengras
x 6 Stiele

Ingwer
40 g

In 15 Minuten vorbereitet

25 Minuten Kochzeit
2 Stunden Ruhezeit

Für 4 Personen

- Die harten Teile vom Zitronengras entfernen und dieses fein hacken. Den Ingwer grob schneiden. Alle Zutaten für die Marinade vermischen.
- Die Hähnchenschenkel am Gelenk einschneiden. Das Fleisch lösen. Die Marinade darübergießen. Mindestens 2 Stunden kühlstellen, am besten über Nacht.
- Im Ofen unter dem Grill für 25 Minuten garen.
- Mit Klebreis und einem Dip mit Tomate servieren.

Karamellisiertes Schweinefleisch Moo Wan

In 10 Minuten vorbereitet

1 Stunde Kochzeit

Für 4 Personen

Schweinebrust
800 g

Ingwer
80 g

Knoblauch
x 6 große Zehen

Sojasauce
100 ml

Zucker
100 g

Koriander
x ½ Bund

- Das Schweinefleisch in Würfel, den Ingwer in feine Scheiben schneiden.
- Den Zucker in einem Topf erhitzen, bis er karamellisiert. Mit der Sojasauce ablöschen. Das Schweinefleisch, den gepressten Knoblauch, den Ingwer und die Korianderstiele hinzugeben. Umrühren, mit Wasser auffüllen, sodass alles bedeckt ist. Weiter rühren und Wasser nachgießen. Bei geschlossenem Deckel 30 Minuten bei schwacher Hitze garen.
- Ohne Deckel weitere 30 Minuten garen. Das Fleisch muss von der Sauce überzogen sein.
- Vom Herd nehmen und die gehackten Korianderblätter hinzugeben. Mit Reis servieren.

Gebratene Ente mit Curry

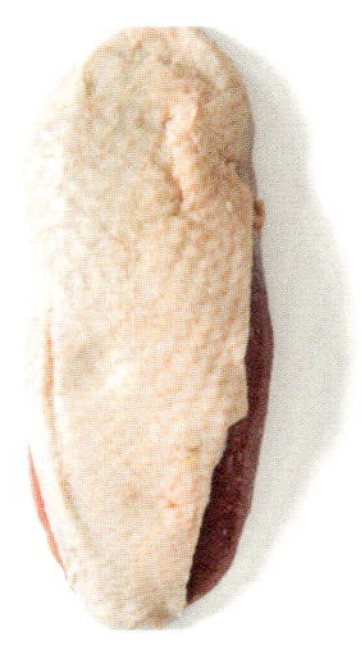

Entenbrust
x 1

Zwiebel
x 1

Grüne Paprika
x 1 kleine

Kokosmilch
100 ml

Thai-Basilikum
x 1 Bund

Rote Currypaste
1 gehäufter Teelöffel

 **In 10 Minuten vorbereitet**

 **10 Minuten Kochzeit**

 **Für 4 Personen**

- Die Zwiebel und die Paprika in dünne Scheiben schneiden. Die Entenbrust salzen und die Haut einschneiden.
- In einer trockenen Pfanne 7 Minuten auf der Haut braten. Vor dem Aufschneiden in Scheiben 5 Minuten ruhen lassen.
- Die Zwiebel und die Paprika in dem Entenfett anschwitzen. Den Curry und die Kokosmilch hinzugeben. Salzen, das Entenfleisch hinzugeben und unter Rühren 2 Minuten garen. Vom Herd nehmen und das Basilikum hinzufügen.
- Zur Betonung des Geschmacks kann ein wenig Zucker hinzugegeben werden.

Gebratenes Rindfleisch mit Ingwer

 **In 15 Minuten vorbereitet**

 **5 Minuten Kochzeit**

 **Für 4 Personen**

Zartes Rindfleisch
350 g

Lauchzwiebeln
x 4 bis 5 kleine

Knoblauch
x 3 große Zehen

Ingwer
100 g

Austernsauce
2 Esslöffel

Pflanzenöl
4 Esslöffel

- ○ Das Fleisch in dünne Streifen schneiden. Leicht salzen, pfeffern, mit der Austernsauce vermischen.
- ○ Die Zwiebeln und den Knoblauch fein hacken, den Ingwer in feine Julienne-Streifen schneiden.
- ○ Das Öl in einem Wok stark erhitzen. Den Knoblauch und den Ingwer eine Minute lang darin anschwitzen.
- ○ Das Fleisch und die Zwiebeln hinzugeben. Umrühren, 2 Minuten garen.

Weinender Tiger

In 10 Minuten vorbereitet

20 Minuten Kochzeit

Für 3 bis 4 Personen

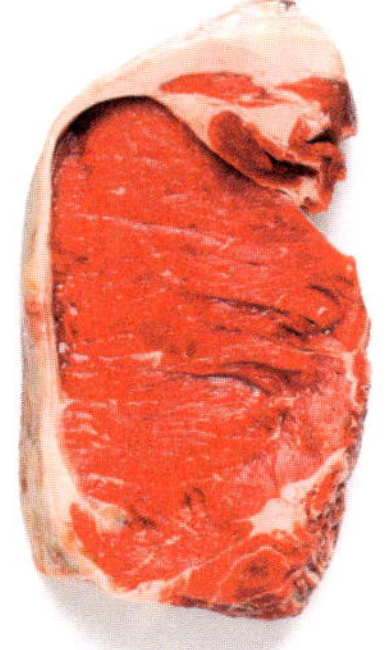

Rippenstück
500 g

Lauchzwiebeln
x 2 bis 3 kleine

Kleb- oder Thai-Reis
2 Esslöffel

Pad Thai-Sauce
100 ml (Rezept 68)

Paprikapulver
½ Teelöffel

Limette
x ½

- Den Reis in einer trockenen Pfanne rösten, bis er braun ist. Im Mixer oder mit dem Mörser zerkleinern, um ein Pulver zu erhalten.
- Das Rindfleisch bei starker Hitze 1 bis 2 Minuten von jeder Seite in einer trockenen Pfanne anbraten. Auf einem Gitterrost ruhen lassen. Die Lauchzwiebeln in feine Scheiben schneiden.
- Die Hälfte des Fleischs mit der Sauce vermischen. Den Zitronensaft, den Paprika und die Hälfte des gerösteten Reises dazugeben.
- Das Rindfleisch in dünne Streifen schneiden, die restlichen Zwiebeln und Reis darüberstreuen. Mit der Sauce servieren.

Miesmuscheln mit Kokos und Zitronengras

In 5 Minuten vorbereitet

5 Minuten Kochzeit

Für 2 Personen

Miesmuscheln
1 kg

Zitronengras
x 2 Stiele

Kokosmilch
100 ml

Grüne Currypaste
1 Teelöffel

Koriander
x ½ Bund

Limette
x ½

- Die harten Teile vom Zitronengras entfernen.
- Die Kokosmilch mit der Currypaste und dem Zitronengras in einem Topf erhitzen. Die Miesmuscheln hinzugeben. 5 Minuten bei geschlossenem Deckel garen.
- Umrühren und den Gargrad prüfen. Vom Herd nehmen, den gehackten Koriander und Zitronensaft hinzufügen.

Gebratener Wasserspinat

Wasserspinat
450 g

Knoblauch
x 6 große Zehen

Austernsauce
2 Esslöffel

Nuoc-mâm
1 Esslöffel

Chilischote
x 1

Pflanzenöl
4 Esslöffel

 **In 15 Minuten vorbereitet**

 **5 Minuten Kochzeit**

 **Für 4 Personen**

- Den Wasserspinat abhängig von der Größe in 3 oder 4 Teile schneiden. Den Knoblauch hacken, die Chilischote in feine Scheiben schneiden. Das Öl in einem Wok stark erhitzen. Den Knoblauch 30 Sekunden lang anbräunen.
- Die Chilischote, den Wasserspinat und die Saucen hinzufügen. Gut umrühren, 5 Minuten garen.
- Mit weißem Reis servieren.

Spargel mit Garnelen

Grüner Spargel
500 g

Knoblauch
x 3 große Zehen

In 15 Minuten vorbereitet

5 Minuten Kochzeit

Für 2 bis 3 Personen

Austernsauce
2 Esslöffel

TK-Garnelen, geschält
x 12

Pflanzenöl
3 Esslöffel

- Die Garnelen salzen und pfeffern.
- Den harten Teil vom Spargel entfernen. Den Spargel in mundgerechte Stücke schneiden. Den Knoblauch fein hacken.
- Das Öl in einem Wok erhitzen und 30 Sekunden lang anschwitzen. Die Garnelen, den Spargel und die Sauce hinzufügen. Umrühren, 2 Minuten garen.
- Es kann auch die Nudelsauce verwendet werden.

Garnelen mit Knoblauch und Pfeffer

In 5 Minuten vorbereitet

5 Minuten Kochzeit

Für 3 bis 4 Personen

TK-Garnelen, geschält
300 g

Knoblauch
x 3 große Zehen

Speisestärke
1,5 Esslöffel

Koriander
x ½ Bund

Pflanzenöl
4 Esslöffel

- Die Garnelen großzügig salzen. Einen Teelöffel gemahlenen Pfeffer und gepressten Knoblauch hinzugeben. Die Speisestärke hinzufügen. Gut durchmischen.
- Das Öl in einem Wok stark erhitzen. Die Garnelen 3 bis 4 Minuten unter Rühren garen.
- Vom Herd nehmen und den gehackten Koriander hinzugeben.

Pad Thai mit Ei

In 15 Minuten vorbereitet

12 Minuten Kochzeit
30 Minuten Ruhezeit

Für 4 Personen

Reisnudeln
400 g

Eier
x 6

Lauchzwiebeln
x 4

Mungobohnensprossen
200 g

Pad Thai-Sauce
300 ml (Rezept 68)

Pflanzenöl
5 Esslöffel

- ○ Die Nudeln 30 Minuten in lauwarmem Wasser einweichen, dann abgießen. Kochendes Wasser darübergießen. 30 Sekunden umrühren und dann erneut abgießen.
- ○ Das fein gehackte Weiße der Lauchzwiebeln in Öl anschwitzen, die Eier hinzufügen, umrühren. Die Nudeln und die Sauce hinzufügen. 5 bis 7 Minuten unter Rühren garen. Abschmecken, nach Bedarf Sauce hinzufügen.
- ○ Vom Herd nehmen, die Mungobohnensprossen und das in feine Scheiben geschnittene Grüne der Lauchzwiebeln hinzufügen.
- ○ Mit einem Schuss Zitronensaft und Chilipulver servieren.

Pad Thai mit Garnelen

In 15 Minuten vorbereitet

12 Minuten Kochzeit
30 Minuten Ruhezeit

Für 4 Personen

Reisnudeln
400 g

TK-Garnelen, geschält
300 g

Zwiebel
x 1

Mungobohnensprossen
200 g

Pad Thai-Sauce
300 ml (Rezept 68)

Pflanzenöl
5 Esslöffel

- Die Nudeln 30 Minuten in lauwarmem Wasser einweichen, dann abgießen. Kochendes Wasser darübergießen. Eine Minute umrühren und anschließend erneut abgießen.
- Das Öl in einem Wok stark erhitzen. Die fein gehackte Zwiebel und die Garnelen eine Minute lang garen. Die Nudeln und die Sauce hinzugeben. Weitere 5 bis 7 Minuten unter Rühren garen.
- Abschmecken, den Gargrad überprüfen. Vom Herd nehmen, die Mungobohnensprossen hinzugeben.
- Mit einem Schuss Zitronensaft und Chilipulver servieren.

Gebratene Nudeln mit Rind

In 15 Minuten vorbereitet

10 Minuten Kochzeit

Für 4 Personen

Reisnudeln
400 g

Zartes Rindfleisch
(Hüfte, Keule)
250 g

Brokkoli
250 g

Nudelsauce
100 ml (Rezept 69)

Zwiebel
x 1

Pflanzenöl
5 Esslöffel

- ○ Die Nudeln 30 Minuten in lauwarmem Wasser einweichen, dann abgießen. Kochendes Wasser darübergießen. Eine Minute umrühren und anschließend erneut abgießen.
- ○ Das Rindfleisch in dünne Streifen schneiden, mit 3 Esslöffeln Sauce vermengen. Das Öl in einem Wok erhitzen. Die Brokkoliröschen eine Minute lang garen, dann für eine Minute das Fleisch und die fein geschnittene Zwiebel hinzugeben und ebenfalls garen.
- ○ Die Nudeln und die restliche Sauce hinzugeben, 7 Minuten unter Rühren garen.
- ○ Den Gargrad überprüfen und würzen.

Nudeln mit Hähnchen

 **In 10 Minuten vorbereitet**

 **10 Minuten Kochzeit**

 **Für 2 bis 4 Personen**

Reisnudeln
500 g

Hähnchenbrust
400 g

Nudelsauce
80 ml (Rezept 69)

Lauchzwiebeln
x 6 Stiele

Reisessig
3 Esslöffel

Koriander
x ½ Bund

- ○ Das Hähnchen in einen Topf mit kaltem Wasser geben und erhitzen. 5 Minuten nach dem Aufkochen vom Herd nehmen, im Wasser abkühlen lassen, dann in dünne Streifen schneiden.
- ○ Die Lauchzwiebeln in feine Scheiben schneiden, den Koriander grob hacken.
- ○ Wasser zum Kochen bringen und die Spaghetti al dente garen. Abgießen, in eine Schüssel geben. Alle Zutaten hinzugeben.
- ○ Alles vermischen, probieren, gegebenenfalls nachwürzen.

Reisnudeln mit Schweinefleisch

In 10 Minuten vorbereitet

5 Minuten Kochzeit
30 Minuten Ruhezeit

Für 2 bis 4 Personen

Reisnudeln
400 g

Schweinefilet
200 g

Nudelsauce
8 Esslöffel (Rezept 69)

Mungobohnensprossen
150 g

Limette
x ½

Koriander
x ½ Bund

- Die Nudeln 30 Minuten in lauwarmem Wasser einweichen. Das Fleisch in dünne Streifen schneiden.
- In einem großen Topf Wasser zum Kochen bringen. Die Nudeln ca. eine Minute lang garen. Den Gargrad überprüfen.
- Das Fleisch und die Mungobohnensprossen hinzugeben. Zum Kochen bringen, umrühren und abgießen.
- Mit der Sauce und dem Zitronensaft vermischen. Probieren, gegebenenfalls nachwürzen. Mit dem Koriander servieren.

Kokos-Pho

In 10 Minuten vorbereitet

20 Minuten Kochzeit
30 Minuten Ruhezeit

Für 4 Personen

Reisnudeln
600 g

Wurstbrät natur
700 g

Kokosmilch
700 ml

Zucker
1 gehäufter Teelöffel

Rotes Currypulver
1 Esslöffel

Minze
x ½ Bund

- Die Nudeln in einem Behälter mit lauwarmem Wasser einweichen. In einem trockenen Bräter das Fleisch 5 Minuten anbraten.
- Den Curry, den Zucker, einen gestrichenen Teelöffel Salz, 500 ml Wasser und die Kokosmilch hinzugeben. Bei schwacher Hitze 15 Minuten garen. Probieren, bei Bedarf nachwürzen.
- Die Nudeln eine Minute lang in kochendem Wasser garen. Abgießen, auf Schalen verteilen.
- Mit der Suppe aufgießen und mit Minze servieren.

Gebratener Eierreis

Thai-Reis, gekocht
400 g

Eier
x 5

Nudelsauce
4 Esslöffel (Rezept 69)

Lauchzwiebeln
x 3

Pflanzenöl
3 Esslöffel

In 10 Minuten vorbereitet

12 Minuten Kochzeit

Für 2 bis 4 Personen

- Das Weiße und das Grüne der Lauchzwiebeln in feine Scheiben schneiden. Den kalten Reis mit der Sauce vermengen.
- Das Öl in einem großen Bräter erhitzen. Das Weiße der Lauchzwiebeln anschwitzen. Die Eier hinzugeben, stocken lassen, dann umrühren.
- Den Reis hinzugeben und großzügig pfeffern. Gut vermengen. 5 bis 7 Minuten garen. Probieren, bei Bedarf nachwürzen.
- Vom Herd nehmen, das Grüne der Lauchzwiebeln hinzugeben.

Reis mit Garnelen und Ananas

 **In 15 Minuten vorbereitet**

 **10 Minuten Kochzeit**

 **Für 4 Personen**

Thai-Reis, gekocht
600 g

TK-Garnelen, geschält
250 g

Ananas
x ½

Nudelsauce
6 Esslöffel (Rezept 69)

Ingwer
50 g

Pflanzenöl
4 Esslöffel

- Die Garnelen mit einem Esslöffel Sauce vermischen. Die restliche Sauce über den Reis geben und mit der Hand vermengen.
- Die Ananas in kleine Würfel schneiden, den Ingwer fein hacken. Das Öl in einem Wok erhitzen, den Ingwer anschwitzen, dann die Garnelen hinzugeben.
- Umrühren, den Reis hinzugeben und 8 Minuten garen. Die Ananas hinzugeben, vermischen, abschmecken.
- Nach Bedarf können vor dem Reis noch fein gehackte Zwiebeln und Eier hinzugegeben werden.

60

Gebratener Reis mit Schweinefleisch und Basilikum

In 10 Minuten vorbereitet

10 Minuten Kochzeit

Für 4 Personen

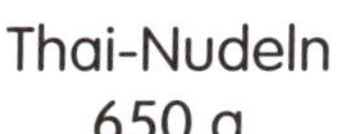
Thai-Nudeln
650 g

Schweinefilet
300 g

Nudelsauce
7 Esslöffel (Rezept 69)

Thai-Basilikum
x 1 großer Bund

Chilischote
x 1

Pflanzenöl
x 4 Esslöffel

- ○ Das Fleisch in dünne Streifen schneiden. Mit 2 Esslöffeln Sauce vermischen. Den Reis mit der restlichen Sauce vermengen. Die Chilischote in feine Scheiben schneiden.
- ○ Das Öl in einem Wok schnell erhitzen. Das Fleisch mit der Chilischote 2 Minuten garen. Den Reis hinzugeben, pfeffern, 5 bis 7 Minuten unter Rühren garen. Probieren und bei Bedarf nachwürzen.
- ○ Vom Herd nehmen, das Basilikum hinzugeben. Vermischen.
- ○ Vor dem Garen des Fleisches können gegebenenfalls 3 fein gehackte Knoblauchzehen hinzugegeben werden.

Glasnudeln mit Hähnchen und Ei

In 10 Minuten vorbereitet

8 Minuten Kochzeit
15 Minuten Ruhezeit

Für 2 bis 3 Personen

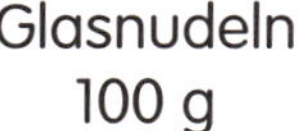
Glasnudeln
100 g

Eier
x 4

Nudelsauce
6 Esslöffel (Rezept 69)

Mungobohnensprossen
100 g

Koriander
x ⅓ Bund

Pflanzenöl
4 Esslöffel

- Die Glasnudeln 15 Minuten in lauwarmem Wasser einweichen. Die Mungobohnensprossen abspülen, den Koriander zupfen.
- Das Öl in einer Pfanne erhitzen, die Eier hinzugeben und 2 Minuten garen lassen, bevor sie mit der Gabel verquirlt werden. Die abgetropften Glasnudeln und die Sauce hinzugeben. Pfeffern.
- 3 Minuten garen lassen, die Mungobohnensprossen hinzugeben. Alles vermischen, probieren, gegebenenfalls nachwürzen.
- Vom Herd nehmen und den Koriander hinzugeben.

Thai-Flan

In 10 Minuten vorbereitet

50 Minuten Kochzeit

Für 4 bis 6 Personen

Kokosmilch
750 ml

Palmzucker
220 g

Eier
x 6

- ○ Den Zucker in der Kokosmilch bei schwacher Hitze schmelzen lassen. Die Mischung darf nicht kochen. Abkühlen lassen.
- ○ Eine Kuchenform mit Backpapier auslegen. Den Ofen auf 150 °C vorheizen.
- ○ Die Eier aufschlagen, die Milch hinzugeben. Mit der Hand vermengen, um nicht zu viel Luft einzubringen. In die Form gießen.
- ○ In einem Wasserbad 45 Minuten garen. Vor dem Servieren vollständig abkühlen lassen.

Gedünsteter Bananenkuchen

Bananen, nicht zu reif
500 g

Kokosmilch
350 ml

Reismehl
55 g

Rohrzucker
95 g

Geröstete Sesamkörner
1 Esslöffel

In 10 Minuten vorbereitet

15 Minuten Kochzeit

Für 6 Personen

- Die Bananen mit 50 ml Kokosmilch und 80 g Zucker mit der Gabel zerquetschen. 40 g Reismehl hinzugeben. Vermischen und in Formen verteilen. 10 Minuten im Dampf garen. Abkühlen lassen.
- 300 ml Kokosmilch mit einer Prise Salz erhitzen, den restlichen Zucker und das Reismehl hinzugeben. Mit dem Handrührgerät mischen, bis die Masse andickt.
- Über die kalten Flans in den Formen gießen. Mit Sesamkörnern bestreuen.

Klebreis mit Kokos und Mango

In 5 Minuten vorbereitet

5 Minuten Kochzeit
20 Minuten Ruhezeit

Für 4 Personen

Klebreis, gekocht
(Rezept 66)
400 g

Kokosmilch
200 ml

Palmzucker
8 g

Mango, reife
x 2

- Den Zucker mit einer Prise Salz bei schwacher Hitze in der Kokosmilch schmelzen. Die Mischung darf nicht kochen.
- Den gekochten Reis in einen Behälter geben. Die Kokosmilch nach und nach hinzugeben und vermischen. 20 Minuten bei Zimmertemperatur ruhen lassen. Der Reis muss die gesamte Flüssigkeit aufnehmen.
- Die Mango in Stücke schneiden und mit dem Reis servieren.
- Gegebenenfalls geröstete Sesamkörner hinzugeben.

Tapioka mit Banane und Kokos

In 10 Minuten vorbereitet

30 Minuten Kochzeit

Für 4 Personen

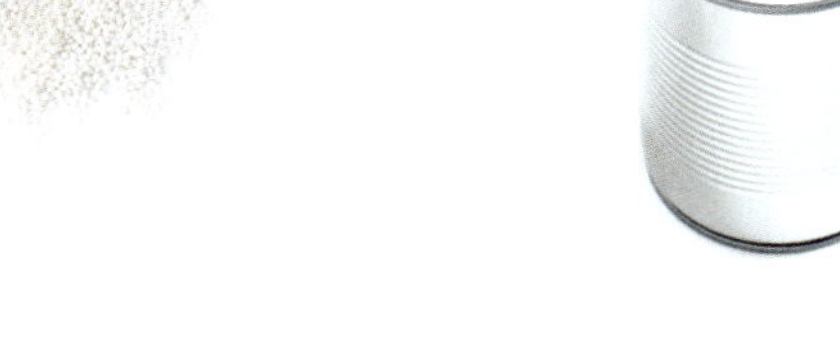

Tapioka
70 g

Kokosmilch
750 ml

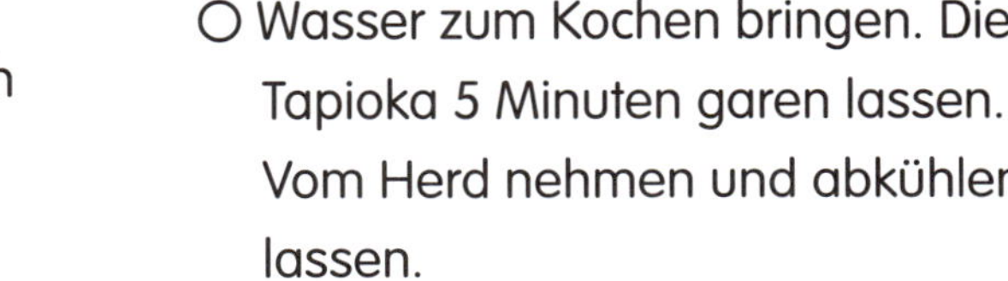

Kochbanane, reif
x 1

Palmzucker
100 g

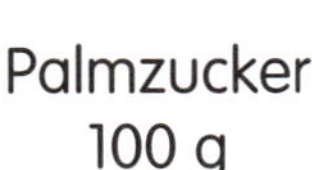

Geröstete Sesamkörner
x 1 Esslöffel

- ○ Wasser zum Kochen bringen. Die Tapioka 5 Minuten garen lassen. Vom Herd nehmen und abkühlen lassen.
- ○ Die Banane in Scheiben schneiden, in 150 ml Wasser mit dem Palmzucker 15 Minuten garen.
- ○ Die Tapioka abgießen. Mit der Kokosmilch über die Bananen gießen. Weitere 10 Minuten kochen.
- ○ Abkühlen lassen und vor dem Servieren mit Sesamkörnern bestreuen.

Klebreis

 **In 5 Minuten vorbereitet**

 **25 Minuten Kochzeit**
1 Nacht Ruhezeit

 **Für 4 Personen**

Klebreis, ungekocht
500 g

- Morgens den Reis in einem großen Behälter mit kaltem Wasser einweichen.
- Am nächsten Tag den Reis abgießen. Wasser in einem Dampfgarer zum Kochen bringen. Den Korb mit einem feuchten Tuch auslegen und den Reis hineingeben. 15 Minuten garen lassen.
- Den Reis umdrehen und weitere 10 Minuten garen.
- Mit Dips, Salaten, Thai-Würstchen oder gegrilltem Hähnchen servieren.

Salatsauce

In 5 Minuten vorbereitet

Ohne Kochen

Für etwa 3 bis 4 Salate

Rohrzucker
180 g

Nuoc-mâm
120 ml

Limetten
x 3

Chilischoten
x 1 bis 2

Salz
2 gestrichene Teelöffel

- Den Zucker, das Nuoc-mâm, das Salz und den Saft der Limetten vermischen. Die in feine Scheiben geschnittene Chilischote hinzugeben.
- 10 Minuten ruhen lassen, bis sich der Zucker aufgelöst hat. Sofort verwenden und den Rest gekühlt aufbewahren.
- Die Sauce kann zwei Wochen aufbewahrt werden und dient als Würze für alle Salate.

Tamarind
TAMARIND
TAMARIN
WITHOUT SEED
SANS NOYAU
Tamarindus indica Linn.
ME CHUA
มะขามสด
酸子
COCK BRAND
MARQUE DEPOSEE
NET.WT. 5.3 OZ
POIDS NET 150g
น้ำหนักสุทธิ 5.3 ออนซ์
淨重 5.3 安士
TRỌNG LƯỢNG NET 5.3 oz
PRODUIT DE THAILANDE

Pad Thai-Sauce

In 10 Minuten vorbereitet

Ohne Kochen

Für etwa 3 Pad Thai

Tamarindenpaste
180 g

Nuoc-mâm
120 ml

Rohrzucker
210 g

Sojasauce
4 Esslöffel

- Die Tamarinden in kleine Stücke brechen. 500 ml kochendes Wasser darübergießen. Abkühlen lassen und dann mit der Hand umrühren. Durch ein Sieb passieren, um das gesamte Mark zu erhalten.
- Dieses Mark mit den restlichen Zutaten vermengen, bis der gesamte Zucker aufgelöst ist.
- Sofort verwenden und den Rest bis zu einer Woche kühl aufbewahren.
- Dieses Sauce kann auch für Salate mit gegrilltem Rindfleisch verwendet werden. Ein authentischerer Geschmack entsteht durch die Verwendung von Palmzucker.

Sauce für Nudeln und Reis

In 5 Minuten vorbereitet

15 Minuten Kochzeit

Für etwa 3 bis 4 Salate

Sojasauce
200 ml

Rohrzucker
80 g

Austernsauce
70 g

Pflanzenöl
80 ml

Knoblauch
x 6 große Zehen

- Den Knoblauch hacken. Das Öl in einem kleinen Topf erhitzen. Den Knoblauch unter gleichmäßigem Rühren gut anbräunen.
- Abkühlen lassen und mit allen anderen Zutaten vermengen.
- Sofort verwenden. Den Rest bis zu 2 Wochen gekühlt aufbewahren.

Was macht man womit?

Die Originalausgabe erschien 2018 unter dem Titel:
Thaï Super Facile

Hambakenwetering 8B
5231 DC 's-Hertogenbosch
Niederlande
www.librero-ibp.com

Fotografie der Zutaten: Richard Boutin, Ilona Chovancova, Audrey Fitzjohn, Rebecca Genet, Valéry Guédès, Akiko Ida, Pierre Javelle und Charlotte Lascève.

Produktion der deutschsprachigen Ausgabe:
Tanja Timmerman vertaling & redactie
Übersetzung: Judith Muhr
Satz: -Lein | redactie & vormgeving

Printed by GPS Group

ISBN: 978-94-6359-414-1